AF107063

www.ingramcontent.com/pod-product-compliance
Lightning Source LLC
LaVergne TN
LVHW010210070526
838199LV00062B/4527
* 9 7 8 9 3 6 9 0 8 8 3 2 4 *

تحریرِ آبِ زر

غزلیں

اعجاز عبید

© Taemeer Publications LLC

Tehreer e Aab-e-Zar *(Poetry)*
by: Aijaz Ubaid
Edition: December '2024
Publisher :
Taemeer Publications LLC (Michigan, USA / Hyderabad, India)

ISBN 978-93-6908-832-4

مرتب یاناشر کی پیشگی اجازت کے بغیر اس کتاب کا کوئی بھی حصہ کسی بھی شکل میں بشمول ویب سائٹ پر اَپ لوڈنگ کے لیے استعمال نہ کیا جائے۔ نیز اس کتاب پر کسی بھی قسم کے تنازع کو نمٹانے کا اختیار صرف حیدرآباد (تلنگانہ) کی عدلیہ کو ہو گا۔

©تعمیر پبلی کیشنز

کتاب	:	**تحریرِ آبِ زر** (غزلیں)
مصنف	:	**اعجاز عبید**
صنف	:	شاعری
ناشر	:	تعمیر پبلی کیشنز (حیدرآباد، انڈیا)
سالِ اشاعت	:	۲۰۲۴ء
صفحات	:	۲۰۶
سرورق ڈیزائن	:	تعمیر ویب ڈیزائن

فہرست

ذہن کی راہوں میں کرتی ہے سفر آوارہ 2

غزلوں میں چاندنی کے مدھر سر چھپا لئے 4

سینۂ ساز میں چپ چاپ اترتے ہم بھی 6

گہری جھیل میں کوئی دائرہ سا ابھرا ہے 8

ٹکرائے مجھ سے ابر تو پانی برس گیا 10

میری اس زندگی کا سرمایہ چند نظمیں ہیں چند غزلیں ہیں 12

اک طلسمات کی دنیا ہے یہ خوابوں کی زمیں 13

وہ دھوپ تھی ندی کے بھی اندر اتر گئی 15

چاروں اور بکھری ہیں جانے کتنی آوازیں 17

کوئی جھیلوں سے مانگتا ہے سکوت، ڈالیوں سے کوئی حیا مانگے 19

ایک چھوٹا مگر خوبصورت سا گھر، اس میں بھی جیسے آسیب اترنے لگے 21

ابھی تمام آئینوں میں ذرہ ذرہ آب ہے 23

یہ سخت تر ہے کہ میں قتل ہی کروں خود کو 25

ہم نے آنکھ سے دیکھا کتنے سورج نکلے، ڈوب گئے 27

کوئی ہو چہرہ شناسا دکھائی دیتا ہے 29

اس میل کے پتھر سے کچھ صدیوں کا بندھن ہے 31

33	سوندھی مٹی کی مہک دور سے آتی ہے مجھے
35	یہ حقیر سا تحفہ، کتنا بیش قیمت ہو جب وہ سب سے چھپ کر دے
37	دریاؤں کے پانی میں ڈوبا ہوا پتھر ہوں
39	مجھے سکوتِ سمندر دکھائی دینے لگا
41	یہ شوخ بچے بڑے ہی غریب لگتے ہیں
43	اندھے سے اک جزیرے سے کوئی پکار دے
45	دوسروں کی آنکھ لے کر بھی پشیمانی ہوئی
47	دکھاتا کیا ہے یہ ٹوٹی ہوئی کمان مجھے
49	دھوپ کا گھر اسمندر جب بھی مجھ کو اذنِ سفر دیتا ہے
51	یہ کس نے کوئی رنگ میری آنکھ میں بسا دیا
53	یہ چیخ جو کہ ابھی شہر کی صداؤں میں تھی
55	عجیب لمس کسی ہاتھ کی کمان میں تھا
57	جس شئے کو میں نے دیکھا، بس جیسے رنگ کا دھنہ تھا
59	سلگتی ریت کو پانی کا انتظار نہ تھا
61	پیلے اُداس پھول درختوں کی چھاؤں میں
63	اک مجمد نشان افق پر بھی تھا کبھی
64	ٹوٹ چکا تھا، آج دوبارہ روشن ہے
65	پکارے گی یہ "تحریری زباں" کب تک پکاریں گے
67	گہری خاموشی دلدل تھی، دھنستے ہوئے لوگ چپ رہ گئے
69	ہتھیلی پر چمکتے آنسوؤں نے بیچ کتنی خواہشوں کے بودیئے آخر

71	وہ رات اندھیری نہ تھی، صبح خوں چکانی نہ تھی
73	یہ لوگ کہتے رہے نشہ کیا شراب میں تھا
75	ہتھیلیوں پہ لکیروں کا جال تھا کتنا
77	تھا خود بھی چھاؤں کا امیدوار، کہتا تھا
79	لبوں پہ نور چمکتا ہے، میں نہ کہتا تھا!
81	خزاں میں پھول اڑانا نظر تو آئے کوئی
83	یہ کیسی رات، کہیں دور تک خدا بھی نہیں
85	دیکھ کے بحر بے کنار، لوگ سبھی ٹھہر گئے
87	عجب بکھرتے سے منظر نظر کے آگے ہیں
89	صدف کے کان میں اک بات کر کے سب چپ تھے
91	اس نے دیکھا تھا عجب ایک تماشا مجھ میں
93	افق کے پار کوئی رہگزر نہ دیکھ سکے
95	ابھی نہ اترے گا دریا، چڑھاؤ پر ہے بہت
97	غم بھی اتنا نہیں کہ تم سے کہیں
99	کیا تھا کیا کہ مجھے ایسا بادبان دیا
100	اس سے رشتے کو اپنی آس کہیں
101	کہیں کھو نہ جائے یہ چاند بھی۔ ابھی چپ رہو
103	کس سے ملنے جاؤ اب کس سے ملاقاتیں کرو
105	جب آفتاب ادھر آئے جگمگاؤں گا
107	ہے دھوپ کا سفر، پہ شجر درمیاں میں ہے

109	ڈھونڈیں کے پھر ہم کہاں، ساگر ساگر پھول
111	ہم دئیے کس ادا سے روشن ہیں
113	کہنے کو کچھ نہیں تھا، سب لوگ چپ کھڑے تھے
115	جو مجھے شکلِ نگینہ دیتا ایسا کون تھا
117	تھیں اک سکوت سے ظاہر محبتیں اپنی
118	ایسے ہی دن تھے کچھ ایسی شام تھی
122	پیڑ کے پیچھے ہمکتی شام تھی
124	دل میں اک بارِ گراں ہے اپنا
125	نہ اپنی آنکھ میں تھا ایک بوند پانی بھی
127	کچھ اضطراب سا ہے، کچھ خلفشار سا ہے
129	دو قطروں کی مانند ہیں، مل جائیں گے ہم تم
131	مسکرا دو، اداس ہم بھی ہیں
133	نہ کوئی زخم کبھی ہم چھپا سکے تجھ سے
135	ایک اک شاخ پر دیپ چمکے وہ طلسمی تماشہ کریں ہم
137	نئے سفر میں، جو پچھلے سفر کے ساتھی تھے
139	یہ جرم ہے تو کوئی سخت حکم شاہی دے
141	موجیں بولیں چوم لیں، پھول بھری اک ناؤ
143	زمین رک سی گئی تھی تو آسمان ٹھہرا
145	سو غموں کا ترا اک غم ہی مداوا نکلا
147	دھند کا آنکھوں پر ہوگا پردہ اک دن

149	خوشبوؤں کا ہے عجب سحر کہ پتھر بہکے
151	دھوپ ایسی تھی کہ کھلتے ہوئے چہرے اترے
153	اور پھر ایک شب آئے گی
155	جو نہ خود اپنا پتہ جانتے ہیں
157	یوں لکھتا رہا اپنی کہانی
159	ہو گئی ختم اک پور نما سی
160	رات بھر گیت یوں ہی گائیں گے ہم
161	راکھ ہی راکھ کوئی شعلہ نہیں
163	ایسا بر بط کہ جو شکستہ نہیں
165	نگر نگر کی گلی گلی میں سناٹا تھا چپ
167	مجھے جو دور سے دیکھو تو فاصلہ بھی میں
169	کچھ چلو اس کا مدعا نکلا
171	صلہ ملا تو نہیں کچھ مجھے وفا کر کے
173	فضا ہمیشہ نئے رنگ سے سنورتی ہے
175	کیا قہر ہے برسوں جو مرے ساتھ رہا بھی
177	جب جب اس بستی میں ہم گیت سنانے آ جاتے ہیں
179	ہم تو ہیں! گو قیس ابی عامر نہیں، لیلیٰ نہیں
181	سی نت کر رکھ لیں، تو جانیں کہ ہنر اپنا ہے
183	ان سوختہ آنکھوں میں کیا ہے کہ درخشاں ہے
185	کہاں وہ ہم، کہ رہے کیسے شعلہ جاں اب تک

رنگ و بو کی فضائیں کیا کیا ہیں	187
سیم و زر رکھئے، بہت لعل و جواہر رکھئے	189
کیا نسیم سحر ہے، صر صر کیا	191
فصل آئی، زخم پھر تازے لگے	193
بچھڑنے کو اک اور بار آ گیا ہے پھر کوئی	195

زمانی اعتبار سے پہلے دس سال کی غزلیں

۱۹۶۷ء تا ۱۹۷۶ء

حدِّ نظر لکیر تھی تحریرِ آبِ زر
آنکھوں میں ایسا ڈوبتا منظر بھی تھا کبھی

ذہن کی راہوں میں کرتی ہے سفر آوارہ
یہ تری یاد ہے یا بادِ سحر آوارہ

ہم سنائیں گے اسے رام کہانی اپنی
جو بھی مل جائے سرِ راہ گزر آوارہ

ڈھونڈھتی رہتی ہے کیا کھوئے ہوئے خواب اپنے
کیوں بھٹکتی ہے خلاؤں میں نظر آوارہ

میرے ہمراہ چلا کرتی ہے یہ بھی ہر وقت
پھر مجھے کہتی ہے کیوں راہ گزر آوارہ

کون کہتا ہے کہ میں قافلے کے ساتھ نہیں
راہ میں کتنے ملے خاک بسر آوارہ
***

(پہلی غزل، مطبوعہ کتاب لکھنؤ۔ اگست 1967)

غزلوں میں چاندنی کے مدھر سر چھپا لئے
ہم نے ہوا کے ہونٹوں سے نغمے چرا لئے

آخر گزر ہی جائے گی اس طرح رات بھی
کاغذ کو یوں ہی موڑئیے، کچھ شئے اچھالئے

میں تو بھٹک رہا ہوں، پھر آؤں گا اس جگہ
کیوں راہ رو رہی ہے مرا نقشِ پا لئے

سورج کو ساری رات بھی میں پا نہیں سکا
میں ڈھونڈھتا تھا ہاتھوں میں جلتا دیا لئے

پہلے ہی کوئی چھین چکا مسکراہٹیں
اس چور سے خزانۂ مژگاں سنبھالئے

1967ء
***

سینۂ ساز میں چپ چاپ اترتے ہم بھی
ڈولتی ڈوبتی سرگم میں ابھرتے ہم بھی

تیز آندھی کا اشارہ بھی اگر مل جاتا
زرد پتوں سے فضاؤں میں بکھرتے ہم بھی

ہم سے گر ایک کرن بھی کبھی ٹکرا جاتی
اگلے پل آئینہ صورت سے نکھرتے ہم بھی

کسی ننھے سے کھلونے سے بہل جاتے ہم
چند بے معنی سے الفاظ سے ڈرتے ہم بھی

تیرتے رہتے یوں ہی سارے حبابی خیمے
سطحِ آب سے اس طرح گزرتے ہم بھی
1968ء

★★★

گہری جھیل میں کوئی دائرہ سا ابھرا ہے
سنگ ریزہ پھر کوئی یاد نے اچھالا ہے

شب کی برف باری کی برف اب پگھلتی ہے
جو بدن میں زندہ تھا، وہ پرندہ ٹھٹھرا ہے

باغ، پھول، پتّے، کھیت، چاند، آسماں، تارے
یوں تو کتنے ساتھی ہیں، دل مگر اکیلا ہے

ریت کا ہر اک ذرّہ کس جگہ سمندر ہے
جنگلوں کو کیا معلوم، کتنی دور صحرا ہے

پیڑ کا وہ تنہا سا برگِ سبز ٹوٹے گا
جانے والے موسم کا آخری اشارہ ہے
1968ء
***

ٹکرائے مجھ سے ابر تو پانی برس گیا
جیسے کہ ساری دھرتی پر کہسار میں ہی تھا

اندھی سیاہ رات میں دیکھا تھا ایک خواب
وہ خواب کاش جاگتی آنکھوں سے دیکھتا

جذبات نرم گیتوں کے زینوں پر چڑھ گئے
میں بیٹھے بیٹھے کرنوں میں جیسے نہا گیا

گھر میں بکھر گئی تھی کھنکتی ہوئی ہنسی
کمرے میں جیسے پیار کا بادل برس گیا

آنکھوں کی روشنی سے تھی کمرے میں روشنی
باتوں کی گھنٹیوں سے ترنُّم بکھر گیا

چپکے سے ایک نام سا دہرایا ذہن نے
وہ نام ہر کتاب پہ لکھا ہوا ملا

1969ء

***

میری اس زندگی کا سرمایہ چند نظمیں ہیں چند غزلیں ہیں
ذہن میں چند خواب محوِ خواب، کچھ دنوں کی حسین یادیں ہیں

روز دن بھی بچھڑنے لگتا ہے، رات بھی روٹھ روٹھ جاتی ہے
زندگی بھر کا ساتھ دینے کو کوئی ساتھی ہے تو کتابیں ہیں

ایک تخلیق دیکھ کر مجھ کو، یوں لگا ہے خدا بھی شاعر ہے
چند غزلیں زمیں پہ بکھری ہیں چند نظمیں حسیں فضا میں ہیں

دن کا یہ جگمگاتا سورج ہے خوش نصیبوں کی ہر خوشی میں شریک
غم نصیبوں کے غم پہ طنز کناں زہر آلودہ کالی راتیں ہیں

ریل کی کتنی گڑگڑاہٹ تھی، پیار کی بات بھی نہ سن پائے
صرف آنکھوں سے بات پڑھنی پڑی، آخر آنکھیں بھی تو کتابیں ہیں

1969ء

***

نذرِ روحِ غالب 1

اک طلسمات کی دنیا ہے یہ خوابوں کی زمیں
سینکڑوں سال کے بچھڑے ہوئے ملتے ہیں یہیں

آج تک ہونٹوں پہ شعلوں کا گماں ہوتا ہے
اک دفعہ چومی تھی جلتے ہوئے سورج کی جبیں

نور بکھرا تھا فرشتے سے اتر آئے تھے
ذہن میں چپکے سے در آیا تھا اک شعرِ حسیں

قید کے عادی ہیں ہم ایسے پرندوں کی طرح
جن سے کہتے ہیں کہ 'اڑ جاؤ' تو اڑتے بھی نہیں

وہ حسیں راتیں کہ جب ہم نے کہی تھیں غزلیں
آج تک ڈھونڈھتے پھرتے ہیں کہیں مل نہ سکیں

1۔ بے کسی ہائے تمنا کہ نہ دنیا ہے نہ دیں
غالب کا یہ مصرع اردوئے معلیٰ علی گڑھ یونیورسٹی میں
غالب صدی 1969 کے مشاعرے میں دیا گیا تھا۔
1969ء
***

نذرروح غالب2

وہ دھوپ تھی ندی کے بھی اندر اتر گئی
لیکن گھنے درختوں میں کیسے بکھر گئی

کل ہم نے پھر بنائے تھے خوابوں کے کچھ محل
پھر رات کی ہوا انھیں مسمار کر گئی

قوس قزح کے رنگ ہوا میں بکھر گئے
''موجِ خرامِ یار بھی کیا گل کتر گئی''

ہم چاندنی کی چھاؤں میں بھی کہہ نہ پائے شعر
اتنی حسین رات بھی یوں ہی گزر گئی

کچھ دیر سے تھی برف ہر اک ڈال پر عبیدؔ
اک پھول ہنس دیا تو ہر اک شئے نکھر گئی

***

2۔ غالب صدی مشاعرہ۔ اردو معلّیٰ علی گڑھ مسلم یونیورسٹی، علی گڑھ

1969ء

***

چاروں اور بکھری ہیں جانے کتنی آوازیں
کس کا ساتھ چھوڑیں ہم، کس کی دوستی چاہیں

سائے سائے کے سر پر روشنی کا سایہ ہے
کس کے سر پہ گرتی ہیں روشنی کی تلواریں

جسم کے کٹھرے میں خوشبوئیں نہ آئیں گی
روح کے سمندر میں ہم انہیں بکھرنے دیں

ہم میں اور دھرتی میں پیار کا سا رشتہ ہے
کاش ابر بن کر ہم اس پہ ٹوٹ کر برسیں

شام کا تقاضہ ہے میں بھی کوئی شب چمکوں
اک کرن کو چپکے سے تھام لوں میں مٹّھی میں

1969ء

***

کوئی جھیلوں سے مانگتا ہے سکوت، ڈالیوں سے کوئی حیا مانگے
کوئی سورج سے سیکھتا ہے ستم، کوئی پھولوں سے نمرتا مانگے

موجۂ بحر میرے قدموں میں درِ خوش آب لا کے پھینک گئی
سونی سونی سی زندگی تھی مگر، سونا سونا ہوئی بنا مانگے

میرے اندر کا "میں" پھڑکتا ہے جسم کی قید سے نکلنے کو
کتنی معصوم سی تمنا ہے مجھ کو باہر سے دیکھنا مانگے

سامنے کیا کسی کے پھیلاتے، اپنا دامن ہی کب سلامت تھا
مانگنے سے گدائی بھی نہ ملی، یا شہی مل گئی بنا مانگے

خواب مہماں ہیں چند لمحوں کے، صرف پل بھر میں ٹوٹ جاتے ہیں
آنکھ کو کوئی کیسے سمجھائے، خواب اک پھر سے دیکھنا مانگے

1969ء

★★★

ایک چھوٹا مگر خوبصورت سا گھر، اس میں بھی جیسے آسیب اترنے لگے
آج سے کچھ ہی دن پہلے کی بات ہے، وائلن کے لرزتے ہوئے گیت تھے

جن میں آنکھیں ہی آنکھیں جڑی ہوں، کچھ ایسے بھی چہرے نظر آئے آکاش پر
آنکھیں سب میری جانب ہی مرکوز تھیں، یوں لگا جیسے سب دیکھتے ہیں مجھے

شعر جیسے سہانی ہوا مارچ کی، قہقہے جیسے جولائی کے بھیگے دن
گیت جیسے دسمبر کی ہو چاندنی، بات یا جنوری کی حسیں دھوپ ہے

صدیوں کی گرد ہے، سینکڑوں سال کی انگلیوں کے نشان اپنے جسموں پہ ہیں
ہم بھی بت ہیں کھدائی سے نکلے ہوئے، ایک دن میوزیم میں رکھے جائیں گے

سارا دن جنگلوں کے سفر میں ہمیں، دھوپ شعلوں سے اپنے جلاتی رہی

رات خوابوں نے پھر ہم کو سلگا دیا، صبح تک ہم بھی بے نور جلتے رہے

ڈالیوں کے ترنم پہ رقصاں تھے سب صبح دم نرم پھولوں نے چونکا دیا
دھیرے دھیرے جھنجھوڑا جگایا مجھے، بھینی بھینی ہواؤں نے چلتے ہوئے

1969ء

★★★

ابھی تمام آئینوں میں ذرہ ذرہ آب ہے
یہ کس نے تم سے کہہ دیا کہ زندگی خراب ہے

نہ جانے آج ہم پہ پیاس کا یہ کیسا قہر ہے
کہ جس طرف بھی دیکھئے سراب ہی سراب ہے

ہر ایک راہ میں مٹے مٹے نقوش آرزو
ہر اک طرف تھکی تھکی سی رہگزارِ خواب ہے

کبھی نہ دل کے ساگروں میں تم اتر سکے مگر
مرے لیے مرا وجود اک کھلی کتاب ہے

ہر ایک سمت ریت، ریت پر ہوا کے نقش ہیں
یہاں تو دشت دشت میں ہواؤں کا عذاب ہے
1969ء
***

یہ سخت تر ہے کہ میں قتل ہی کروں خود کو
کسی خطا پہ مگر کیسے بخش دوں خود کو

نہ جانے اوروں کو میں کس طرح کا لگتا ہوں
یہ آرزو ہے کہ باہر سے دیکھ لوں خود کو

مجھے یقیں ہے کہ مجھ میں بھی بے وفائی ہے
مگر کوئی یہ بتائے کہ کیا کہوں خود کو

مجھے بھی اس کی خبر ہے کہ اضطراب میں ہوں
ہزار کہتا رہوں وادیِ سکوں خود کو

مری غزل میں کوئی پا سکے تو پائے مجھے
مگر میں شعروں سے کیسے نکال دوں خود کو

1969ء

***

ہم نے آنکھ سے دیکھا کتنے سورج نکلے، ڈوب گئے
لیکن تاروں سے پوچھو کب نکلے، چمکے، ڈوب گئے

دو سائے پہلے آکاش تلے ساحل پر بیٹھے تھے
لہروں نے لپٹانا چاہا، اور بچارے ڈوب گئے

پیڑوں پر جو نام لکھے تھے وہ تو اب بھی باقی ہیں
لیکن جتنے بھی تالاب میں پتھر پھینکے، ڈوب گئے

اونچے گھر آکاش چھپا کر اپنے آپ پہ نازاں ہیں
چاروں اور کھلے آکاش کے سورج پیچھے ڈوب گئے

اب تو ہمیں اک شعر کا ہونا بھی نا ممکن لگتا ہے
اب تو دن کی نیلی جھیل میں رات کے تارے ڈوب گئے

1969ء

***

نذرِ روحِ شکیب

کوئی ہو چہرہ شناسا دکھائی دیتا ہے
ہر اک میں ایک ہی مکھڑا دکھائی دیتا ہے

اسی شجر پہ شفق کا کرم ہے شاید آج
وہ اک شجر جو سنہرا دکھائی دیتا ہے

ادھر۔ وہ دیکھو کہ آکاش کتنا دلکش ہے
جہاں وہ دھرتی سے ملتا دکھائی دیتا ہے

دکھائیں تم کو غروب آفتاب کا منظر
یہاں افق کا کنارہ دکھائی دیتا ہے

وہی تو ہے جو مری جستجو کی منزل ہے
کوئی بھی شخص جو مجھ سا دکھائی دیتا ہے
1969ء
***

بشیر بدر کے لئے

اس میل کے پتھر سے کچھ صدیوں کا بندھن ہے
ان پیڑوں کے پتوں میں یادوں کا ہرا پن ہے

اس لان میں پھیلی ہے خوشیوں کی ہری چادر
قدموں کے ترنم پر گاتا ہوا آنگن ہے

اس گاؤں کی ساری ہی گلیوں سے کوئی رشتہ
ان گلیوں کے ہر گھر سے انجانا سا بندھن ہے

مٹی کے کھلونے ہیں، مٹی میں نہ کیوں کھیلیں
اک کچے اوسارے میں روتا ہوا بچپن ہے

ہر پل جہاں پتوں کی پازیب چھنکتی ہے
یہ دشت کی پہنائی میرے لئے آنگن ہے

1969ء

***

سوندھی مٹی کی مہک دور سے آتی ہے مجھے
سرد رحمت کی خبر آ کے سناتی ہے مجھے

روح جنگل کی مسلسل مجھے آواز نہ دے
ایک آنسو کی خبر گھر میں بلاتی ہے مجھے

کتنا مظلوم ہوں، آواز کا ایک قیدی ہوں
اک صدا ہے کہ جو گھنٹی سا بجاتی ہے مجھے

ایک کوچہ ہے کہ جو پاؤں مرے تھامے ہے
ایک آواز جرس ہے جو بلاتی ہے مجھے

میں نے کچھ سوچا نہ تھا، یوں ہی جل اٹھا تھا عبیدؔ
دیو داسی کوئی مندر میں سجاتی ہے مجھے

1969ء

***

یہ حقیر سا تحفہ، کتنا بیش قیمت ہو جب وہ سب سے چھپ کر دے
اک اکیلے کمرے میں، ننھی سیپ میں رکھ کر پیار کا سمندر دے

ان اندھیری راتوں میں جگنوؤں کی ننھی سی روشنی غنیمت ہے
اے خدا، رہائی کے بعد، اپنی روحوں کو جگنوؤں کا پیکر دے

ٹوٹی چوڑیاں جیسے بے صدا خموشی میں داستاں سی کہتی ہیں
صرف مدعا یہ ہے برف سے لباسوں میں کوئی روشنی بھر دے

چاند کی محبت تھی ہم کو سرد کرنوں کی آگ سے جلا ڈالا
اے خدا ہمیں کوئی اتنی ہی محبت سے آگ کا سمندر دے

شعروں کے تصوّر میں کھوئے کھوئے ذہنوں کو یہ خیال تو آیا
ان اندھیرے کمروں میں یادوں کے دیئے رکھ کر کوئی چاندنی کر دے

1969ء

***

دریاؤں کے پانی میں ڈوبا ہوا پتھر ہوں
خاموش کناروں کا چوما ہوا ساگر ہوں

سونے ہی نہیں دیتی یادوں میں بسی خوشبو
ان سرد سے شعلوں میں جلتا ہوا پیکر ہوں

یہ ہاتھ دعاؤں کو اٹھتے ہیں تو اٹھنے دو
ان ہاتھوں کی برکت ہوں، ان کا ہی مقدر ہوں

ہم کو بھی اشاروں کی آئی نہ زباں آخر
ماتھے یہ چبھی انگلی اب دیکھ کے ششدر ہوں

ہاتھوں کی لکیریں یہ بتلا نہ سکیں مجھ کو
طوفانی ندی میں اب بہتا ہوا منظر ہوں
1969ء

***

مجھے سکوتِ سمندر دکھائی دینے لگا
ہوا کے ہاتھ میں نشتر دکھائی دینے لگا

یہ لوگ کب سے مرے خون کے پیاسے ہیں
میں اپنے خول کے باہر دکھائی دینے لگا؟

یہ لوگ کہتے ہیں بادل کا ایک ٹکڑا ہے
مجھے خلا میں کبوتر دکھائی دینے لگا

یہ لوگ مرے لہو کا خراج مانگتے ہیں
کہ مجھ میں ان کو پیمبر دکھائی دینے لگا

یہ لوگ اس کو بڑا معجزہ سمجھتے ہیں
میں ان کو جسم کے باہر دکھائی دینے لگا

بہت سے لوگوں نے اک ساتھ کہہ دیا بزدل
میں ایک پل میں تونگر دکھائی دینے لگا

بہت عجیب سے جذبے تھے میرے چہرے پر
وہ مجھ کو دیکھ کے ششدر دکھائی دینے لگا

یہ میرا ذہن بھی آئینہ خانہ ہے شاید
وہ شخص ایک تھا ستّر دکھائی دینے لگا

1969ء

***

یہ شوخ بچّے بڑے ہی غریب لگتے ہیں
کبھی کبھی یہ ستارے عجیب لگتے ہیں

قریب ہوں گے تو احساسِ فاصلہ ہو گا
یہ لوگ دور سے کتنے قریب لگتے ہیں

بہت سے نام ہیں اس ٹھہرے ٹھہرے پانی پر
سیاہیوں سے لکھے ہیں، نصیب لگتے ہیں

کبھی کبھی تو یہ لگتا ہے شعر جھوٹے ہیں
ہم اپنی غزلوں میں کتنے عجیب لگتے ہیں

قریب جاؤ تو منظر ہرے بھرے ہیں عبیدؔ
یہ دشت دور سے کتنے مُہیب لگتے ہیں

1969ء

***

اندھے سے اک جزیرے سے کوئی پکار دے
کرنوں کے ساگروں میں ہمیں پھر اتار دے

بے منزلی کا مسئلہ گمبھیر ہو چکا
گاڑھے دھوئیں کو سرد ہوا اب قرار دے

ہم خود ہی گھومنے لگیں سیّاروں کی طرح
محور کہیں ملے، کوئی ہم کو مدار دے

پانی کی تہہ میں دیوتا کب سے اداس ہیں
کشتی کوئی ہواؤں کی زد پر اتار دے

چھپ کر ہم ایسے دشمنوں پر وار کر سکیں
ان کو اندھیری رات سا گہرا غبار دے

کھل جائیں چند لمحوں میں ہم پھول کی طرح
ہم کو کوئی ہوا کی صدا میں پکار دے

1969ء

***

دوسروں کی آنکھ لے کر بھی پشیمانی ہوئی
اب بھی یہ دنیا ہمیں لگتی ہے پہچانی ہوئی

اشک کی بے رنگ کھیتی مدتوں میں لہلہائی
پہلے کتنا قحط تھا، اب کچھ فراوانی ہوئی

خود کو ہم پہچان پائے یہ بہت اچھا ہوا
جسم کے ہیجان میں روحوں کی عریانی ہوئی

میں تو اک خوشبو کا جھونکا تیرے دامن کا ہی تھا
بوئے گل سے آ ملا، کیوں تجھ کو حیرانی ہوئی

اس کا بازار ہوس میں قدر داں ہی کون تھا
جنسِ دل کی پھر یہاں کیوں اتنی ارزانی ہوئی

1969ء

***

دکھاتا کیا ہے یہ ٹوٹی ہوئی کمان مجھے
ترا شکار ہوں اچھی طرح سے جان مجھے

ہوا نے ریت کی صورت زمیں پہ لکھ دی ہے
دکھائی دیتی ہے پتھر کی داستان مجھے

اک آسماں نے زمیں پر گرا دیا لیکن
زمیں نے پھر سے بنا ڈالا آسمان مجھے

میں اس ہوا کا نہیں پانیوں کا قیدی ہوں
نہ جانے کیوں لئے پھرتا ہے بادبان مجھے

زمیں سے صرف جزیرہ دکھائی دیتا ہے
کوئی نہ جان سکا آج تک چٹان مجھے

نہ جانے تیر کی مانند کیسے چبھنے لگا
وہ شخص لگتا تھا ٹوٹی ہوئی کمان مجھے

1970ء

***

دھوپ کا گہرا سمندر جب بھی مجھ کو اذنِ سفر دیتا ہے
بادل کا اک گیلا ٹکڑا مجھ پر سایہ کر دیتا ہے

مجھ میں سے آواز آتی ہے، آنکھیں موندے بیٹھے رہو تم
پھر کوئی سامنے رکھا پیالہ میرے لہو سے بھر دیتا ہے

جب یہ دھرتی اپنی زباں میں ساون کا نغمہ گاتی ہے
گیلی ہوا کا ٹھنڈا جھونکا مجھ کو اس کی خبر دیتا ہے

لمحے بھر میں بیج اُگ کر پودے اور پھر گل بن جاتے ہیں
وہ بھی عجب ہے! بے موسم صحرا پر بارش کر دیتا ہے!!

ہم بے نور سلگتی شمعیں، ہم سے کچھ مت پوچھو یارو
رات مانگ میں، ماتھے تاج میں، کون ستارے بھر دیتا ہے

1970ء

★★★

یہ کس نے کوئی رنگ میری آنکھ میں بسا دیا
گلی گلی بکھیرے گل، دیا دیا جلا دیا

ہمیں بھی یاد ہے کہ سرخ تتلیوں کے پر تھے ہم
سفید پیلی دھوپ نے یہ رنگ بھی اڑا دیا

اب آج ایک خون کی لکیر یاد آئی ہے
نہ جانے ہم نے ایسے منظروں کو کیوں بھُلا دیا

وہ شخص خوب تھا کہ بلب مختلف جلا دئے
ہمارے چہرے کو ہزاروں شکلوں میں دکھا دیا

میں جنگلوں کی آگ بن کے چار سمت پھیل جاؤں
چراغ نام دے کے اس نے یوں مجھے جلا دیا

1970ء

***

یہ چیخ جو کہ ابھی شہر کی صداؤں میں تھی
یہ پہلے گیت تھی، جب دھوپ کھاتے گاؤں میں تھی

برستے پانی میں خوشبو سی میں نے کی محسوس
مجھے یقیں ہے کہ وہ بھی انہیں گھٹاؤں میں تھی

مرے بدن میں اتر آئی پیلی شام کے ساتھ
شفق کی لَو، جو ابھی کانپتی ہواؤں میں تھی

ہمارے گرد تھی دیوارِ آہنی ورنہ
ہماری دھرتی کی خوشبو تو سب دِشاؤں میں تھی

جو خاکِ رہ ابھی چومی تو اک مہک آئی
وہ چیز کیا تھی؟ حنا تھی جو اس کے پاؤں میں تھی؟

1970ء

***

عجیب لمس کسی ہاتھ کی کمان میں تھا
میں تیر بن کے اسی لمحے آسمان میں تھا

میں آپ اپنا قصیدہ تھا ایک مدت سے
مگر وہ لفظ، جو روشن ترے بیان میں تھا

جو جنگلوں میں لگی آگ سے جھلس بھی چکا
نہ جانے کون اس اُجڑے ہوئے مکان میں تھا

بکھر گیا تو پتہ یہ چلا کہ ریت تھا میں
کہ اتنے عرصے میں کیا جانے کس گمان میں تھا

کلاہ کج تھی اگرچہ میں ٹوٹا پھوٹا تھا
غرورِ عشق تھا، میں کیسی آن بان میں تھا

1970ء

***

جس شئے کو میں نے دیکھا، بس جیسے رنگ کا دھبّہ تھا
ان آنکھوں میں بسنے والا چہرہ جانے کیسا تھا

جانے کہاں سے آ کر جم جاتی تھی ان ہونٹوں پر برف
کون آگے رکھّے پیالے میں میرا لہو بھر دیتا تھا

بوڑھی دھرتی چاند ستاروں سے یہ کہانی کہتی تھی
بچّو! تب کی بات ہے یہ، جب میرا جسم سنہرا تھا

جس کے پردوں کی خوشبو سے نیند مجھے آ جاتی ہے
کہتے ہیں اس گھر میں پہلے ایک فرشتہ رہتا تھا

رات بھی اس کے ماتم میں سر کھولے رویا کرتی تھی
اور سورج بھیگے تکیے پر سر رکھ کر سو جاتا تھا

اک پیاری سی لڑکی بھری آنکھوں سے اس کو تکتی تھی
سر کو جھکائے اک لڑکا کیا کیا کچھ باتیں کرتا تھا

1970ء

***

سلگتی ریت کو پانی کا انتظار نہ تھا
سمندروں کو مگر ایک پل قرار نہ تھا

تمام عمر ہی سیاروں کی طرح گھومے
یہ اور بات کہ اپنا کوئی مدار نہ تھا

بہت ہی دیر سے بیٹھے تھے باتیں کرتے تھے
کوئی بھی جذبہ مگر اپنے آر پار نہ تھا

تو پھر یہ دھوپ بہت مہرباں ہوئی مجھ پر
تو پھر ہواؤں کے تیروں کا میں شکار نہ تھا

نکال تو لئے مٹّی تلے دبے خنجر
مگر کوئی بھی تو ان میں سے آب دار نہ تھا

ہم اپنے آپ کو محفوظ سمجھیں یا قیدی
ہمارے گرد ابھی تک تو یہ حصار نہ تھا

1971ء

★★★

پیلے اُداس پھول درختوں کی چھاؤں میں
ماحول اسپتال کا ساری فضاؤں میں

ہاتھوں میں جس سفر کا تھا نقشہ بنا ہوا
پورا ہوا وہ گھوم کے چاروں دِشاؤں میں

بارش نہیں تھی، قوس قزح کیسے بن گئی؟
کیا اُڑ گیا دوپٹہ کسی کا ہواؤں میں ؟

لہجہ تو سیدھا سادہ تھا شام اس کی بات کا
اک گیت گونجتا رہا شب بھر خلاؤں میں

اب یہ پتہ چلا ہے گھنے بادلوں کے پار
ہم جس کا نام لکھتے رہے تھے ہواؤں میں
1971ء

★★★

اک منجمد نشان افق پر بھی تھا کبھی
یوں کھو گئے کہ لگتا نہیں گھر بھی تھا کبھی

حدّ نظر لکیر تھی تحریر آب زر
آنکھوں میں ایسا ڈوبتا منظر بھی تھا کبھی

اب یہ پتہ چلا کہ کھلے منظروں میں بھی
ورنہ میں قیدِ گنبدِ بے در بھی تھا کبھی

احساس پھر شدید ہُوا بے زمینی کا
میں اپنی ماں کی گود کے اندر بھی تھا کبھی

1971ء

***

ٹوٹ چکا تھا، آج دو بارہ روشن ہے
چہرے پر شعروں کا ستارہ روشن ہے

صدیوں پہلے دو سورج بیٹھے تھے جہاں
آج بھی وہ دریا کا کنارہ روشن ہے

غار میں کوئی دیپ جلائے بیٹھا ہے
گرتے ہوئے دریا کی دھارا روشن ہے

چہرے پر اک پُچھتی انگلی چسپاں ہے
ماتھے پر ایک ایک اشارہ روشن ہے

ہاں تاریکی نے سب کچھ روپوش کیا
آؤ قریب، کہ دل تو ہمارا روشن ہے

ہفتوں بعد اتنی عمدہ غزلیں کہہ کر
اپنا چہرہ دیکھو۔ سارا روشن ہے

1971ء

***

پکارے گی یہ ''تحریری زباں ' کب تک پکاریں گے
ہوا میں اُڑ رہا ہے اک نشاں ' کب تک پکاریں گے''

ہوا کی خُنکیو! صحرا سے جل کر آئے ہیں تم کو
پسینے میں نہائے ، سر گراں ، کب تک پکاریں گے

ہمارے ہونٹ چُپ ہوں گے ہمارے زخم چیخیں گے
تمہیں اے دشمنو! چارہ گراں کب تک پکاریں گے

ہمیں معلوم ہے اک دن تو تھک کر بیٹھ جائیں گے
تھکے سے اپنے قدموں کے نشاں کب تک پکاریں گے

ذخیرہ لفظوں کا کم مایہ ہے، القاب سے تیرے
تجھے ہم یوں ترے شایان شاں کب تک پکاریں گے

یہ غیر آباد صحرائے وفا ہے، ہم یہاں تنہا
اگر گھبرائے تو کس کو، کہاں، کب تک پکاریں گے

1971ء

***

شہر ممنوع میں ایک غزل
(واجدہ تبسم کے لیے)

گہری خاموشی دلدل تھی، دھنستے ہوئے لوگ چپ رہ گئے
دیکھتے دیکھتے کتنے ہی بولتے لوگ چپ رہ گئے

ایک خم دار زینے پہ پیالی کھنکنے کی آواز تھی
فاختہ کے سنہری پروں میں چھُپے لوگ چپ رہ گئے

دھوپ اکتا کے جلتی ہوئی ریل سے کودی تھی
اپنی آنکھوں سے یہ حادثہ دیکھتے لوگ چپ رہ گئے

نم زدہ چاند، سورج نظر سے اترنے لگے سینے میں
ٹھنڈے گیتوں کی بوچھار سے بھیگتے لوگ چپ رہ گئے

دکھ کے رشتے کی پاکیزگی پر کسی کو کوئی شک نہ تھا
گفتگو سے پرے ساتھ چلتے ہوئے لوگ چپ رہ گئے

سارے جذبے سفید اور سادہ سے کاغذ تھے۔ جیسے کفن
اک جنازے کو کاندھوں اٹھائے ہوئے لوگ چپ رہ گئے

1971ء

***

ہتھیلی پر چمکتے آنسوؤں نے بیج کتنی خواہشوں کے بو دئے آخر
یہ جنگل سو رہا تھا نیند سے بیدار کر ڈالا، سلگتی آگ نے آخر

سنہری پر جھلستے تھے، ہوا سے چپکے چپکے یہ پرندے کہہ رہے تھے کچھ
سمجھتے تھے کہ ہم برفاب وادی میں اتر جائیں گے، لیکن کھو گئے آخر

ہر اک ذرہ ہمارا ہے، ہوا سے یہ کہو اپنی طرف سے چوم لے سب کو
یُگوں پہلے خدا نے یہ زمیں سورج بنائے تھے ہمارے واسطے آخر

اندھیروں کی فصیلوں پر چراغوں کی طرح جلتی تھیں اپنی آنکھیں، لیکن ہم
اپاہج ہاتھ سے دیوار پار اس راستے کو کس طرح سے کھوجتے آخر

سنا یہ ہے کہ پہلی سانس سے تا نفسِ آخر صرف اک بوسے کی دوری ہے
اسی امیّد پر مدّت سے جیتے ہیں، کبھی کم بھی تو ہوں گے فاصلے آخر

1971ء

***

وہ رات اندھیری نہ تھی، صبح خوں چکانی نہ تھی
بس اتنی بات ہے، کچھ دل میں شادمانی نہ تھی

نکیلے نیزے لبوں پر لگے تو چونک پڑے
ہمارے لب پہ تو کوئی غلط بیانی نہ تھی

گھِسا چراغ، مگر کوئی جن نہیں آیا
طلسم ٹوٹ گیا، پھر کوئی کہانی نہ تھی

پرندے چیخ رہے تھے درخت مت کاٹو
یہ تب کی بات ہے، جب اتنی بے زبانی نہ تھی

یہ سورجوں نے کہا اب کوئی گھمنڈی نہ ہو
پھر اس کے بعد چمکتی ہوئی روانی نہ تھی

1971ء

***

یہ لوگ کہتے رہے نشّہ کیا شراب میں تھا
مجھے یقیں نہیں آیا کہ سحرِ آب میں تھا

میں پوچھتا تھا کہ طوفان کی خبر تو نہیں
بس اک سکوتِ سمندر مرے جواب میں تھا

ہوا نے پڑھ لیا اور صدیوں تک وہ روتی رہی
وہ ایک لفظ جو اس نیلگوں کتاب میں تھا

سمندروں کو میں دشمن سمجھ کے ڈوبا مگر
مرا وجود کہ ہر قطرہ آب میں تھا

وہ سارے شہر میں کرنیں بکھیرتا تھا عبیدؔ
اسے پتہ نہ چلا میں بہت عذاب میں تھا
1971ء
***

ہتھیلیوں پہ لکیروں کا جال تھا کتنا
مرے نصیب میں میرا زوال تھا کتنا

جو پُر سکون سمندر کی تہہ میں اترا میں
تو حیرتی ہوں کہ تہہ میں ابال تھا کتنا

تمام سرحدیں اب کچھ نہیں تھیں میرے لیے
کہ میں ہوا کی طرح با کمال تھا کتنا

تو جنگلوں کی طرح آگ مجھ میں پھیل گئی
رگوں میں بہتا ہوا اشتعال تھا کتنا

یہ راز ہم کو بہت تجربوں کے بعد ملا
کسی کا راز چھپانا محال تھا کتنا

تبھی تو جلتی چٹانوں پہ لا کے پھینک دیا
مرا وجود ہوا پر وبال تھا کتنا

سبھی پرندے مرے پاس آتے ڈرتے تھے
میں خشک پیڑ سہی، بے مثال تھا کتنا

1971ء

***

تھا خود بھی چھاؤں کا امیدوار، کہتا تھا
وہ شخص خود کو بہت سایہ دار کہتا تھا

میں اپنی آنکھ سمندر نما سمجھتا تھا
میں اپنی سانسوں کو دل کا غبار کہتا تھا

مرا بھی لطف اٹھاؤ، مجھے بھی پاؤ کبھی
میں سن رہا تھا، ترا انتظار کہتا تھا

تمام زخم مرے مسکرانے لگتے تھے
وہ مجھ کو طنز سے جب شہسوار کہتا تھا

نظر نہ آیا اسے اپنا عکس یوں چُپ ہوں
وگرنہ خود کو میں تمثال دار کہتا تھا

1971ء

***

لبوں پہ نور چمکتا ہے، میں نہ کہتا تھا!
وہ لمحہ آج بھی زندہ ہے، میں نہ کہتا تھا!

بُتوں میں دوڑ گئی زندگی اچانک ہی
طلسم ٹوٹنے والا ہے، میں نہ کہتا تھا!

اب اس کی آنکھ میں آنسو کہاں چمکتے ہیں
یہ سارا ڈھونگ پرانا ہے، میں نہ کہتا تھا!

وہ آگ پھیل کے دشتِ بدن میں بجھ بھی چلی
بس ایک پل کا تماشہ ہے، میں نہ کہتا تھا!

کسی کے واسطے اب کون جان دیتا ہے
یہ سارا جھوٹا بہانہ ہے، میں نہ کہتا تھا!
1971ء
***

خزاں میں پھول اڑانا نظر تو آئے کوئی
نہالِ غم کو ہلاتا نظر تو آئے کوئی

یہ گھنٹیوں کی صدائیں کہاں سے آتی ہیں
مرے بدن کو بجاتا نظر تو آئے کوئی

وہ کون شخص ہے؟ ٹوٹی ہوئی دھنک تو نہیں
ہزار رنگ دکھاتا نظر تو آئے کوئی

بجا رہے ہیں سبھی پھول پتّیاں تالی
یہ کیسا جشن ہے، گاتا نظر تو آئے کوئی

دہکتے خواب نم آنکھوں میں آ کے سرد ہوئے
کنارے توڑتا، ڈھاتا نظر تو آئے کوئی

1971ء

***

یہ کیسی رات، کہیں دور تک خدا بھی نہیں
ضرور کوئی پیمبر یہاں ہوا بھی نہیں

یہ اک ہجوم ابھی سے کنارے پر کیوں ہے
ابھی یہاں تو تماشہ کوئی ہوا بھی نہیں

کوئی تو ہو جو مجھے شاخ سے جدا کر دے
ہوا کے ہاتھ کا چاقو مگر کھُلا بھی نہیں

چلیں چمن کو، کہ پہلی کلی کا سواگت ہو
خزاں کے ہاتھ میں نیزہ کوئی بچا بھی نہیں

یہ سوچتا ہوں کہ یہ باب بند کر دوں آج
کہا کروں کہ میں اُس شخص سے ملا بھی نہیں
1971ء
***

دیکھ کے بحرِ بے کنار، لوگ سبھی ٹھہر گئے
ہم تو سفر نصیب تھے، لمحوں میں پار اتر گئے

سر ملے سارے بے بدن، اُن پہ کفن بندھے ہوئے
لوگ جو اپنے ساتھ تھے، آج وہ سب کدھر گئے

کیسا طلسم دائرہ، کیسی کمندِ موج تھی
کچھ بھی خبر نہیں کہ کون ہم کو اسیر کر گئے

سنتے رہے کہ آج کل بحر میں پیچ و تاب ہے
ہم تو سدا کے بے خبر، مثلِ ہوا گزر گئے

سمت بغیر ساعتیں کون سے شہر لے گئیں
پہلے تو سنگ بن گئے، ریت سے پھر بکھر گئے

والیِ شہر کون ہے؟ پوچھ رہی تھی اک صدا
ہم ایسے حالِ بد، کسی سے کیا کہتے، چپ گزر گئے

1971ء

***

عجب بکھرتے سے منظر نظر کے آگے ہیں
طنابیں ٹوٹتی گِرتے اکھڑتے خیمے ہیں

ہمارے گرد درندوں کے ننگے چہرے ہیں
کہاں گئے جو کہتے تھے "ہم فرشتے ہیں''

کسی طرح سہی، شعلہ بنیں، بکھر جائیں
سلگتے پیڑ ہوا کو ترستے رہتے ہیں

نکیلے نیزوں کو سر کا عَلَم مبارک ہو
تمام دشمنوں سے کہہ دو، ہم اکیلے ہیں

اب آج سچّا کوئی شعر کیا کہیں گے کہ ہم
تمام رات بہ آرام خوب سوئے ہیں

1971ء

★★★

صدف کے کان میں اک بات کر کے سب چپ تھے
پھر اس کے بعد، سِوا اک گھر کے، سب چپ تھے

بجھے بجھے تھے تو ہم روشنی بھی دے نہ سکے
صدا کی طرح ہوا میں بکھر کے سب چپ تھے

نہ جانے کیسا انہونا سا حادثہ تھا وہ
بس ایک لمحے میں افراد گھر کے سب چپ تھے

سمجھ رہے تھے سمندر میں کچھ خزانے ہیں
نشیبِ بحر میں لیکن اتر کے سب چپ تھے

خدا کرے یہ کہیں میری بد دعا ہی نہ ہو
جو بولتے ہوئے تھے عمر بھر کے، سب چپ تھے
1972ء
***

اس نے دیکھا تھا عجب ایک تماشا مجھ میں
میں جو رویا تو کوئی ہنستا رہا تھا مجھ میں

میری آنکھوں سے خبر جان نہ لی ہو اس نے
کوئی بادل تھا، بہت ٹوٹ کے برسا مجھ میں

جھانکنے سے مری آنکھوں میں سبھی ڈرنے لگے
جب سے اترا ہے کوئی آئینہ خانہ مجھ میں

کیا ہوا تھا مجھے کیوں سوچتا تھا اس کے خلاف
ورنہ اس کو تھا عجب ایک عقیدا مجھ میں

ساتھ ساتھ اس کے میں خود روتا رہا تھا اس شام
اس کو دیتا جو دلاسہ وہ نہیں تھا مجھ میں

1972ء

★★★

افق کے پار کوئی رہگزر نہ دیکھ سکے
کوئی چراغ بھی حدّ نظر نہ دیکھ سکے

فصیلوں پار بہت چاندنی بکھرتی رہی
اترتے چاند کو دل میں مگر نہ دیکھ سکے

چمکتی دھار کا لمحہ ہماری آخری یاد
رگِ گلو میں چبھا نیشتر نہ دیکھ سکے

ہتھیلیوں پہ رکھی شمعیں ساری رات جلیں
پھر اس کے بعد کبھی ہم سحر نہ دیکھ سکے

تمام عمر رہی دل میں گونجتی اک بات
وہ اتنا چُپ تھا کہ ہم بول کر نہ دیکھ سکے

1972ء

***

ابھی نہ اترے گا دریا، چڑھاؤ پر ہے بہت
رواں ہی رہنے دو کشتی، ابھی سفر ہے بہت

اب آرزو نہ رہی کوئی، ورنہ اب کیا تھا
سنا ہے اپنا ستارہ عروج پر ہے بہت

نہ جانے کون سی بھولی کہانی یاد آئی
خبر سنی ہے کہ وہ آج چشم تر ہے بہت

دعا قبول ہوئی، یہ کہانیوں میں پڑھا
کہ بد دعاؤں میں سنتے ہیں اب اثر ہے بہت

کوئی نہ ہو تو، یہ سارا جہان بے معنی
ہو کوئی ساتھ، تو چھوٹا سا ایک گھر ہے بہت

1972ء

***

(محبوب خزاں کے لیے)

غم بھی اتنا نہیں کہ تم سے کہیں
اور چارہ نہیں کہ تم سے کہیں

آج ہم بے کراں سمندر ہیں
تم وہ دریا نہیں کہ تم سے کہیں

یوں تو مرنے سے چین ملتا ہے
یہ ارادہ نہیں کہ تم سے کہیں

نیلی آنکھوں کی چاندنی کے لیے
اب اندھیرا نہیں کہ تم سے کہیں

تم اکیلے نہیں رہے تو کیا
ہم بھی تنہا نہیں کہ تم سے کہیں

اب نہ وہ غم کہ اپنے ہاتھ عبیدؔ
شبنم آسا نہیں کہ تم سے کہیں

1972ء

***

کیا تھا کیا کہ مجھے ایسا بادبان دیا
ہوا کی سمتِ مخالف میں مجھ کو تان دیا

تمہاری آنکھیں مری داستاں پہ نم کیوں ہیں
زمین میری تھی، پھر تم نے کیوں لگان دیا

یہ کون کہتا ہے زنجیر پائی کا غم ہے
مجھے یہ دکھ ہے کہ اس نے غلط بیان دیا

عجیب تھا وہ، مجھے دھوپ سے بچانے کو
کہ جس نے مجھ کو یہ شعلوں کا سائبان دیا

1972ء

***

اس سے رشتے کو اپنی آس کہیں
لب بھی کیا خود کو ہم اداس کہیں

پیاسی دھرتی صلائے عام کہے
ہم خدا کی ادائے خاص کہیں

جو تعلق کہ اس کی ذات سے ہے
کیا کہیں اس کو، گر نہ آس کہیں

دور جنگل میں آگ کا منظر
اپنے اندر جو ہو تو پاس کہیں

یوں کہیں داستاں۔۔۔ کہ ہنستے لوگ
"ہم بھی لو ہو گئے اُداس" کہیں

1973ء

***

(ناصر کاظمی کے لیے)

کہیں کھو نہ جائے یہ چاند بھی۔ ابھی چپ رہو
ابھی برف برف ہے چاندنی۔ ابھی چپ رہو

جو ندی چڑھے گی تو خود ہی کہہ دے گی ساری بات
ابھی ناؤ اپنی ہے ڈولتی، ابھی چپ رہو

وہ جو نیزہ سر پہ لٹک رہا ہے، نہ گر پڑے
کہیں بات کاٹ دے خامشی، ابھی چپ رہو

ابھی صرف سُن ہی ہوئی ہیں ہاتھوں کی انگلیاں
ابھی رنگ لائے گی بے حسی، ابھی چپ رہو

وہ کہاں ہیں لب۔ کہ یہ روئے تو اسے چپ کریں
اسے شور و شر سے ہے دشمنی ابھی چپ رہو
1973ء
***

کس سے ملنے جاؤ اب کس سے ملاقاتیں کرو
تم اکیلے ہو دلِ تنہا سے ہی باتیں کرو

پھر یوں ہی مِل بیٹھیں ہم، اور دکھ بھری باتیں کریں
ہاتھ اُٹھا کر یہ دعا مانگو، منا جاتیں کرو

سب پرندے اپنے اپنے جنگلوں میں کھو گئے
اب تو ہلتی ڈالیوں سے بیٹھ کر باتیں کرو

اتفاقاً ہم تمہارے سائے سے گزریں کبھی
بادلو، تم پیار کے لمحوں کی برساتیں کرو

اب تو جیسے اس عمارت کو بھی چپ سی لگ گئی
کھڑکیو، دروازو، چھکو، گاؤ، کچھ باتیں کرو

1973

***

جب آفتاب ادھر آئے جگمگاؤں گا
میں آنسوؤں کی طرح کیسے ٹوٹ جاؤں گا

ہر ایک چہرے پہ گردِ سفر اُڑاؤں گا
ہزار روکیں گے سب، میں گزر بھی جاؤں گا

اگر سفید کبوتر مرا لہو پی لے
مجھے یقیں ہے، شہادت کا درجہ پاؤں گا

(ق)

ہر ایک طور مری واپسی یقینی ہے
جو اب کے نکلا تو پھر لوٹ کر بھی آؤں گا

سمندروں میں جزیروں کی طرح اُبھروں گا
تو شاخ پر کبھی کلیوں سا سر اٹھاؤں گا

ہر ایک بوند لہو کی بنائے گی اک فوج
میں اب کے خود پہ جو تلوار آزماؤں گا

ابھی یہ روتی ہوئی ننھی بچی ہنس دے گی
میں مٹی پانی سے وہ فاختہ بناؤں گا

کہو تو رنگ دوں یہ پیلی ریت کے ذرے
کہا نہ تھا کہ یہ موسم بدلنے آؤں گا

سنا ہے آج اسے بے سبب اداسی ہے
میں اس کی آنکھوں میں شمعیں جلانے آؤں گا

1973ء

***

ہے دھوپ کا سفر، پہ شجر درمیاں میں ہے
یعنی کسی حسین کا گھر درمیاں میں ہے

اک سمت گہرے پانی ہیں، اک سمت سرخ ریت
پھولوں بھری سی ایک ڈگر درمیاں میں ہے

ہر اک طرح کا رختِ سفر ساتھ لے چلیں
کیا جانیں کیسی راہگزر درمیاں میں ہے

دونوں ہی ایک کمرے میں کب سے اکیلے ہیں
پاکیزگی کا رشتہ مگر درمیاں میں ہے

پھر اس کے بعد ہے وہ سنہری مکاں کا شہر
اندھی سی ایک راہ گزر درمیاں میں ہے

بس اس بیاں پہ ختم ہے یہ داستان فتح
نیزے چہار سمت ہیں، سر درمیاں میں ہے
1973ء

***

(چھند دوہا)

ڈھونڈیں گے پھر ہم کہاں، ساگر ساگر پھول
اگلے برس جانے کہاں، جائے گا بہہ کر پھول

شعر کہے تو یوں لگا آج کئی دن بعد
بادل چاروں اور ہیں، اندر باہر پھول

پھینکے بھی تو اُٹھائے کون، بانٹے بھی تو کسے
دھن شاعر کے پاس کیا، ہوا، سمندر، پھول

سورج پر تو ابر تھے، کرنیں کیسے آئیں
جسم میں کیوں مُرجھا گیا، اندر اندر پھول

تاروں کا پردہ ہٹا، اور کوئی دیوی
سونے کے اک تھال میں، لائی سجا کر پھول

پتھر پھینکے تال میں، ہم دونوں نے آج
کل عبیدؔ تم پاؤ گے، لہر لہر پر پھول
1973ء
***

ہم دئے کس ادا سے روشن ہیں
اس کی دامن ہوا سے روشن ہیں

نیزے، نیزوں کی نوکوں پر شعلے
شعلے شعلے میں کاسے روشن ہیں

کتنے تاریک لوگ اپنے یہاں
اپنی شعلہ نوا سے روشن ہیں

اور ہم بوند بوند نور لئے
اپنے غارِ حرا سے روشن ہیں

آنسو آنسو قرآن کی سورت
ہونٹ اس کے دعا سے روشن ہیں

پھر بھی آنکھوں کے دیپ چمکیں گے
لاکھ سورج بلا سے روشن ہیں

تشنگی بھی کرن کرن ہے عبیدؔ
ریت کے ذرے پیاسے روشن ہیں

1973ء

***

کہنے کو کچھ نہیں تھا، سب لوگ چپ کھڑے تھے
آنکھوں کے دیپ لیکن چپ چاپ جل رہے تھے

بس پھر وہ آخری تھا اپنے ملن کا لمحہ
ہم دونوں اک شجر کے سائے میں رو رہے تھے

پھر کوئی نوک نیزہ سر سرخ ہو گئی تھی
ہر سنگ پر لہو تھا، جس رہ پہ ہم چلے تھے

پھر یہ خبر کسے تھی، اب کس کی داستاں ہے
ہم اپنی کہتے کہتے شاید کہ سو گئے تھے

اک سمت جنگلوں میں پاگل ہوا کے نوحے
اک سمت اک الاؤ۔ سب آلہا گا رہے تھے

1973ء

★★★

جو مجھے شکلِ نگینہ دیتا ایسا کون تھا
دوسرے مجھ بیش قیمت کا شناسا1 کون تھا

یہ وہ لمحہ تو نہیں جس سے کہ وابستہ تھا میں
میرے اندر ہم نوا دل کے دھڑکتا کون تھا

ایک اک کر کے سبھی بادل بکھر کر رہ گئے
آسمانوں پر زمیں کا پھر شناسا کون تھا

نوچ ڈالے تھے سبھی نے اپنے اپنے سب نقاب
پھر بھی اک چہرہ لگا تھا آشنا سا، کون تھا؟

ریزہ ریزہ ہر کنارہ توڑتا جاتا تھا میں
لمحہ لمحہ میرے اندر سر اُٹھاتا کون تھا

....

1۔ ایطا کا مجھے احساس ہے

1973ء

★★★

تھیں اک سکوت سے ظاہر محبتیں اپنی
اب آنسوؤں نے بھی بخشیں عنایتیں اپنی

کہ برگ ہائے خزاں دیدہ جوں اڑائے ہوا
کشاں کشاں لیے پھرتی ہیں وحشتیں اپنی

سبھی کو شک ہے کہ خود ہم میں بے وفائی ہے
کہاں کہاں نہ ہوئی ہیں شکایتیں اپنی

چلے جہاں سے تھے اب آؤ لوٹ جائیں وہیں
نکالیں راہوں نے ہم سے عداوتیں اپنی

کچھ اور کر دے گی بوجھل فضا کو خاموشی
چلو کہ شور مچائیں شرارتیں اپنی

ہمارا جو بھی تعلق تھا، اس کے دم سے تھا
لو آج ختم ہوئیں سب رقابتیں اپنی
***

1973ء

***

دو غزلیں

ایک (مسلسل)

ایسے ہی دن تھے کچھ ایسی شام تھی
وہ مگر کچھ اور ہنستی شام تھی

بہہ رہا تھا سرخ سورج کا جہاز
مانجھیوں کے گیت گاتی شام بھی

صبح سے تھیں ٹھنڈی ٹھنڈی بارشیں
پھر بھی وہ کیسی سلگتی شام تھی

گرم الاؤ میں سلگتی سردیاں
دھیمے دھیمے ہیر گاتی شام تھی

گھیر لیتے تھے طلائی دائرے
پانیوں میں بہتی بہتی شام تھی

عرشے پر ملتے ہوئے دو ہاتھ تھے
ساحلوں کی بھیگی بھیگی شام تھی

کتنی راتوں کو ہمیں یاد آئے گی
اپنی اکلوتی سہانی شام تھی

شاخ سے ہر سرخ پتّی گر گئی
پھر وہی بوجھل سی پیلی شام تھی

چاندی چاندی رات کو یاد آئے گی
سونا سونا سی رنگیلی شام تھی

سولھویں زینے پہ سورج تھا عبیدؔ
جنوری کی اک سلونی شام تھی
***

دو

پیڑ کے پیچھے ہمکتی شام تھی
تازہ پھولوں کی وہ پہلی شام تھی

پھر اچانک چھپ گئے تارے تمام
ورنہ کیسی ٹھنڈی بھیگی شام تھی

اُس طرف راتوں کا لشکر تھا عظیم
اِس طرف تنہا نِہتّی شام تھی

مندروں میں جاوداں سی ہو گئی
دویہ1 پیتل سی سنہری شام تھی

صبح کاذب کے اندھیرے چونک اٹھے
شمع دانوں میں پگھلتی شام تھی

....

दिव्य(1)
1973ء
***

دل میں اک بارِ گراں ہے اپنا
لب سے اترا تو زیاں ہے اپنا

ہم تو تھے دوشِ ہوا کے راہی
کیسے صحرا میں نشاں ہے اپنا

ایک احساس جِلایا تھا کبھی
اب وہی دشمنِ جاں ہے اپنا

چھپ کے ہم دیکھتے رہتے تھے جسے
اب وہی تو نِگَراں ہے اپنا

اب بھی اشعار تو کہہ لیتے ہیں
اتنا احساس جواں ہے اپنا

ذوقؔ کہتے ہیں دکن کو ہی چلیں
کوئی دلّی میں کہاں ہے اپنا

1973ء

***

نہ اپنی آنکھ میں تھا ایک بوند پانی بھی
نہ جانے کیسے مگر آ گئی روانی بھی

وہ پھول، پھول کی خوشبو، وہ رنگ بھیگ چلے
لو آج بیت گئی ایک رُت سہانی بھی

وہی تھی اپنی بچھڑنے کی شام بھی لیکن
وہی تھی ایک نئی صبح کی کہانی بھی

ہوں تیرے رحم و کرم پر، جلائے یا کہ بجھائے
کہ تیرے ہاتھوں میں اب آگ بھی ہے پانی بھی

وہ دھوپ ہو گی کہ بینائی سب کی گم ہو گی
نظر نہ آئے گا جب رنگِ آسمانی بھی

1973ء
★★★

کچھ اضطراب سا ہے، کچھ خلفشار سا ہے
شاید کہ ربط اس سے کچھ اپنا پیار سا ہے

ہر رات جلنا بجھنا اپنا نصیب ہے اب
آنکھوں میں ہے نمی سی دل میں شرار سا ہے

ملنے کی اس گھڑی میں ہم کیسے بھول جائیں
ہم بھی ہیں پاک طینت، اور وہ بھی پارسا ہے

سمجھے تھے ہم ہوائیں کیا کر سکیں گی اپنا
لیکن بدن میں ہر پل کچھ انتشار سا ہے

بکھرے فضا میں اس کی باتوں کے سرخ پتّے
کچھ یوں لگا کہ موسم فصلِ بہار سا ہے

1974ء

***

دو قطروں کی مانند ہیں، مل جائیں گے ہم تم
اب کے جو کسی موڑ پہ ٹکرائیں گے ہم تم

کچھ نور بھری انگلیاں حرکت ہمیں دیں گی
یوں ہو گا کہ اک دھاگے میں بندھ جائیں گے ہم تم

اندر جو کسی ساز کی دھن کا سا سکوں ہو
ہر شور بھری بزم سے اُٹھ آئیں گے ہم تم

جذبات کا بندھن کوئی کمزور نہ ہو گا
شبنم کی طرح کیسے بکھر جائیں گے ہم تم

اک چھوٹا سا گھر، ایک بہت نیک سی لڑکی
اس خواب کی تعبیر پہ مُسکائیں گے ہم تم

خرگوش، ہرن، جاگتی سوتی ہوئی گڑیاں
کس شے کی بھلا اور کمی پائیں گے ہم تم

1974ء

***

ان اندھیروں میں چاند آ اُترے
مسکرا دو، اداس ہم بھی ہیں

پیڑ اندھیرے، یہاں وہاں جگنو
اور کہیں آس پاس ہم بھی ہیں

تم وہ ستلج نہیں کہ پاس آؤ
یوں سدا کے بیاس ہم بھی ہیں

کیسے لمحے ہیں تم بھی نروس ہو
اور کچھ بدحواس ہم بھی ہیں

ایک پل میں حقیقتیں بن جائیں
ایسی حدِّ قیاس ہم بھی ہیں

1974ء

***

نہ کوئی زخم کبھی ہم چھپا سکے تجھ سے
تمام عمر رہے ایسے سلسلے تجھ سے

ہزار بار وہ شکوے بھی کر گیا ہوں میں
جو آج لگتا ہے مجھ کو کبھی نہ تھے مجھ سے

وہ بات، جب مری بھی گنگ ہو گئی تھی زباں
رُکے سے لفظ کئی بولتے ہوئے تجھ سے

تو ایک گہرے سمندر کی موج ہے، معلوم!
میں شعلہ شعلہ ہوں، پھر بھی ملوں گلے تجھ سے

مسافتوں کی تھکن سے وہ بات کہہ نہ سکے
جو میلوں دور سے کہنے کو آئے تھے تجھ سے

لکھوں تو صفحے کے صفحے سیاہ کر ڈالوں
میں کچھ بھی کہہ نہ سکوں تیرے سامنے تجھ سے
1974ء
***

ایک اک شاخ پر دیپ چمکے وہ طلسمی تماشہ کریں ہم
دونوں چُپ چاپ کھڑکی میں بیٹھے، چاندنی سے سویرا کریں ہم

ایک چھوٹا سہانا سا آنگن۔ چائے کی گنگناتی پیالی
مسکراتی ہوئی ایک لڑکی۔ اور اب کیا تمنّا کریں ہم

کیا پتہ تھا کہ اپنی دعائیں اتنی جلدی حقیقت بنیں گی
تم حنا سے ہتھیلی میں لکھ دو 'شکر ادا اب خدا کا کریں ہم'

اپنا اک چمپئی آسماں ہو، جس پہ اک سرخ سا چاند چمکے
اک سنہرے جزیرے پہ بیٹھے۔ نام پانی پہ لکھّا کریں ہم

اپنے ہونٹوں سے لکھ دو ہوا پر، کوئی پیغام میرے لیے تم
اور اپنی مسرّت کے آنسو بادلوں سے روانہ کریں ہم

لمحہ لمحہ۔۔۔ پھر ایک اور لمحہ۔۔۔ کتنا طولانی یہ قافلہ ہے
کرنیں، پھر کرنیں۔۔۔ کچھ اور کرنیں۔۔ رات بھر یوں نہایا کریں ہم

پیار کے ننھے سے جگنوؤں نے (خون کے ساتھ جو بہہ رہے تھے)
کر دیا اتنا روشن، جو چاہیں، چاند بن کر اجالا کریں ہم

1974ء

***

نئے سفر میں، جو پچھلے سفر کے ساتھی تھے
پھر آئے یاد کہ اس رہگزر کے ساتھی تھے

کہوں بھی کیا مجھے پل بھر میں جو بکھیر گئے
ہوا کے جھونکے مری عمر بھر کے ساتھی تھے

ستارے ٹوٹ گئے، اوس بھی بکھر سی گئی
یہی تھے جو مری شام و سحر کے ساتھی تھے

شفق کے ساتھ بہت دیر تک دکھائی دیئے
وہ سارے لوگ جو بس رات بھر کے ساتھی تھے

یہ کیسی ہجر کی شب، وہ بھی ساتھ چھوڑ گئے
جو چاند تارے مری چشمِ تر کے ساتھی تھے
1974ء
***

یہ جرم ہے تو کوئی سخت حکمِ شاہی دے
مری وفا کی مجھے عمر بھر سزا ہی دے

بہت عظیم ہے، مانا، تو اے ہوا! مدد دے
ہمیں بھی ایک دو پل زعمِ کج کلاہی دے

ہر ایک موج نے سر ڈال کر دعا مانگی
کہ ٹھہرے ٹھہرے سے پانی کو رنگِ کاہی دے

تجھی کو ٹوٹ کے چاہوں، ترے لیئے ہی جڑوں
کرے نہ پیار، تو پھر مجھ کو یہ دعا ہی دے

جز اک گلِ خزاں، شاعر کے پاس کیا تحفہ
جز ایک قطرۂ خون اور کیا سپاہی دے

اندھیرے آئنے بننے کو مضطرب ہیں عبیدؔ
کوئی نشانِ افقِ صبح کا پتا ہی دے

1974ء

***

(چھند "دوہا")

موجیں بولیں چوم لیں، پھول بھری اک ناؤ
چپکے چپکے رو دیا، پانی پانی بہاؤ

اونچے سُروں میں چھیڑ دی متوالوں نے ہیر
دھیمے دھیمے جل اٹھا، بیچ میں ایک الاؤ

ابھی ابھی تو گھنٹیاں مجھ میں بجتی تھیں
تھمتے ہی برسات کے، یہ کیسا ٹھہراؤ

کچھ کہنے کو بچا نہیں، پھر بھی کچھ تو ہے
جلتی بجھتی رات میں گیت ہی کوئی سناؤ

ایسا ہو کہ یہ خامشی، بن نہ سکے آزار
چپ کب تک بیٹھے رہیں، برتن ہی کھنکاؤ

1974ء

***

زمین رک سی گئی تھی تو آسمان ٹھہرا
ہمیں گزرتے گئے رہ گیا جہاں ٹھہرا

سبھی یہ سمجھے کہ منزل نہیں ملی ہم کو
ہمارے سر میں جو سودا تھا رائے گاں ٹھہرا

ہزار بار صدا دی سکوت نے لیکن
مری رگوں کا لہو قافلہ کہاں ٹھہرا

وہ اک سحر کہ سب افراد گھر کے روئے تھے
پھر اس کے بعد نہ میرا کوئی مکاں ٹھہرا

وہ سیل تھا کہ خبر تھی نہ بہنے والوں کی
شمول کس کا ہوا کب، کوئی کہاں ٹھہرا

1974ء

***

سو غموں کا ترا اک غم ہی مداوا نکلا
تجھ کو قاتل میں سمجھتا تھا، مسیحا نکلا

سوچتا تھا کہ رکھوں سبز غموں کی فصلیں
اور آنکھوں میں جو دریا تھا وہ پیاسا نکلا

بے تعلق سے گزرتے گئے چپ چاپ سبھی
ایک بادل بھی زمیں کا نہ شناسا نکلا

دیکھنے، ٹوٹ کے، دھرتی پہ ستارے اترے
رات آنکھوں سے عجب ایک تماشہ نکلا

رات پھر جیسے کئی خوف کے سوراخوں سے
ایک لشکر سا سنبھالے ہوئے نیزہ نکلا

1974ء

***

(ساقی فاروقی کے لیے)

دھند کا آنکھوں پر ہو گا پردا اک دن
ہو جائیں گے ہم سب بے چہرا اک دن

جس مُٹھّی میں پھول ہے اس کو بند رکھو
کھل کر یہ جگنو بن جائے گا اک دن

آنکھیں مَل مَل کر دیکھیں گے خواب ہے کیا
ایسے رنگ دکھائے گی دنیا اک دن

چاند ستارے کہیں ڈبوئے جائیں گے
خوشبو پر لگ جائے گا پہرا اک دن

ہو جائیں گے ختم خزانے اشکوں کے
یوں نکلے گا اپنا دیوالا اک دن

اس کے پاس اگا دو کوئی اور درخت
پیڑ یہ ہو جائے گا ہریالا اک دن

1974ء

***

خوشبوؤں کا ہے عجب سحر کہ پتھّر بہکے
موج پر پھول کھلا اور سمندر مہکے

بد نصیبی تھی کہ جاں اپنی معطّر نہ ہوئی
ورنہ ان آنکھوں میں ہر لمحہ گلِ تر مہکے

جان پہچان ہوئی، ہاتھ ملے، ہونٹ ہلے
بجھی آنکھوں کے کنول پھر بھی نہ کھِل کر مہکے

مدتیں ہو گئیں اشکوں سے بھگوئے لیکن
اپنا خس خانۂ جاں ہے کہ برابر مہکے

روحِ خوشبو ابھی زندہ ہے یہ احساس نہ تھا
ہم وہ پتّے تھے جو چٹکی سے مَسل کر مہکے

میری شہ رگ میں بسی تھی تری خوشبو شاید
ورنہ کیوں خون میں نہایا ہوا خنجر مہکے

1974ء

***

دھوپ ایسی تھی کہ کھلتے ہوئے چہرے اترے
تتلیوں کے سے کئی رنگ قبا سے اترے

گھُل گئے ابر، دھنک، چاند، ستارے جس میں
ایسے دریا کے بھلا کون کنارے اترے

ڈھونڈھنے نکلے تھے کچھ بھٹکی صداؤں کے بھنور
شام آئی تو سبھی کوہِ ندا سے اترے

دے دیا کس نے بھلا بھیگتی آنکھوں کا پتہ
آسمانوں سے زمینوں پہ ستارے اترے

شام کچھ کہتی سی، کچھ سنتی سی خاموشی تھی
جاگتے سوتے سمندر میں سفینے اترے

زندگی بدر کا میدان ہوئی جیسے عبیدؔ
یوں کمک آئی کہ اندیکھے فرشتے اترے

1974ء

***

اور پھر ایک شب آئے گی
جب یہ دنیا اجڑ جائے گی

دیکھئے کتنے دن تک رہے
درد کی دل سے ہم سائیگی

کیا خبر تھی کہ جینے کے دکھ
موت بھی آ کے دہرائے گی

سارے پتّے بکھر جائیں گے
ان کو پھر برف ڈھک جائے گی

اب تو آنکھیں بھی خالی ہوئیں ہائے، اپنی یہ کم مائگی

1974ء

***

جو نہ خود اپنا پتہ جانتے ہیں
خود کو وہ سمت نما جانتے ہیں

اپنے اس رشتے کی پاکیزگی کو
شبنم و گل بھی خدا جانتے ہیں

پھول چپکے سے کھلا ڈالے گی
تجھ کو ہم بادِ صبا جانتے ہیں

کیا پتہ، عشق اذیت ہے کہ لطف
ہم بس اک حرفِ وفا جانتے ہیں

تجھ کو کیوں چاہا، یہ ہم سے مت پوچھ
ہم تجھے تجھ سے سوا جانتے ہیں

1974ء

***

یگوں لکھتا رہا اپنی کہانی
طلائی دائروں سے نیلا پانی

فضا میں رنگ تم نے کیا بکھیرے
سنہری دن ہوئے راتیں سہانی

شفق لو پھوٹتی ہے جس جگہ سے
وہیں جاتے ہیں رستے آسمانی

یوں آنکھیں خشک ہوں گی کیا خبر تھی
کہ سب ڈھونڈیں گے چمکیلی روانی

سجا دیں کیاریاں کانٹوں کی ہم نے
کبھی آئی نہ ہم کو باغبانی

1974ء
***

ہو گئی ختم اک پورنماسی
دھیرے دھیرے ہوئے پھول باسی

وقت کیسا سنہرا سا مندر
شام سیڑھی پہ اک دیو داسی

میری آنکھوں میں ساون تو اترے
یہ زمیں رہ گئی یوں ہی پیاسی

فصلِ گل کو ابھی کب تھا آنا
رنگ لاتی ہے یہ خوں لباسی

1974ء
***

رات بھر گیت یوں ہی گائیں گے ہم
کوئی ڈھونڈھے گا تو چھپ جائیں گے ہم

سن کے اک ڈوبتی آواز تری
آسمانوں سے اتر آئیں گے ہم

ماتمِ شہرِ تمنّا کے لیے
دو منٹ چپ کھڑے ہو جائیں گے ہم

محلِ ویراں کے ہیں آخر والی
اور اک روز گزر جائیں گے ہم

ہاں تجھے پا کے ملے گا سب کچھ
اک ترے خط کی کمی پائیں گے ہم

1974ء

***

دو غزلہ.....ایک (پیارے ناصر کاظمی کی یاد میں)

راکھ ہی راکھ کوئی شعلہ نہیں
سانس ہے پھر بھی کوئی زندہ نہیں

جانے کیوں ہم چھپائے پھرتے ہیں
ایسا رشتہ کہ جس کا پردہ نہیں

راتوں رات ایک کھنچ گئی دیوار
ایسی جس میں کوئی دریچہ نہیں

ہے نصیبے میں وہ سکوت کہ جو
کسی طوفاں کا پیش خیمہ نہیں

کیا پتہ میں بھی بھول جاؤں تجھے
تو بھی انسان ہے، فرشتہ نہیں

مجھ کو سب کچھ لگا سنہرا سا
اس میں موسم کا کچھ کرشمہ نہیں

'درد دل دو' صدا لگاتے ہیں
اور ہاتھوں میں کوئی کاسہ نہیں

***

دو غزلہ ۔۔۔۔۔ دو

ایسا بربط کہ جو شکستہ نہیں
لیے بیٹھے ہیں اور نغمہ نہیں

اب تو موسم ہے برف باری کا
اب یہاں کوئی پھول ہنستا نہیں

اب تو چنگاریاں اتر آئیں
اب کہیں '' جگنوؤں کی دنیا''1 نہیں

اب تو بس برف تیرتی ہے یہاں
اب کسی جھیل میں شکارہ نہیں

جو کسی صبح کی خبر دے دے
اب ان آنکھوں میں وہ ستارہ نہیں

کب سے ہے آنکھوں کے افق پہ محیط
ایسا بادل کہ جو برستا نہیں

میرے کالر میں بھی نہیں خوشبو
اس کے بالوں میں بھی وہ غنچہ نہیں

رات بھر میں اجڑ گئی بستی
صبح مندر گجر پکارا نہیں

***

(1) قرۃ العین حیدر کی ایک کہانی کا عنوان

1974ء

نگر نگر کی گلی گلی میں سناٹا تھا چپ
دھرتی پر اک پیڑ اکیلا، گگن پہ تارا چپ

پہلے ہنسانا چاہا، پھر مٹّی پر رکھ دئے پھول
اک بچّے کی آنکھوں میں آنسو، سہما سہما چپ

کیسے کہہ دوں اب نہ سنے گی وہ کوئی لوری
کیا جانے اب کیسے ہو گی ننھی گڑیا چپ

پیڑوں کے اس جھنڈ میں ہم کو کھوج رہا تھا کون
اس نے لبوں پر انگلی رکھ کر کیا اشارہ ''چپ!''

میری دعا تھی۔ برسیں اب آکاش سے ساون گیت
ہر بادل میری نظروں سے گزرا تنہا۔ چپ
1974ء
***

مجھے جو دور سے دیکھو تو فاصلہ بھی میں
مرے قریب سے گزرو تو راستہ بھی میں

تمام زرد مناظر کو سبز کر دوں گا
نہ ہو اداس درختو، وہ آئینہ بھی میں

عجب کشاکشِ پیہم ہیں روز شب میرے
میں آپ اپنا عدو بھی ہوں، آشنا بھی میں

خدا کی طرح بکھر جاؤں سارے منظر میں
کہ شاخِ سبز بھی، برگِ خزاں زدہ بھی میں

میں آپ خود سے ہی لڑ کر شکست کھاتا ہوں
نحیف پھول بھی میں، سر پھری ہوا بھی میں

نبھے گی خوب کہ شعلہ بھی ہے وہ شبنم بھی
عبیدؔ اس کے لیے آب بھی ہوا بھی میں
1974ء

***

کچھ چلو اس کا مدعا نکلا
میں ہی کچھ مجرمِ وفا نکلا

رت جگا گرمیوں کی راتوں کا
کتنی صدیوں کا سلسلہ نکلا

قلعۂ چشم سے پھر آخر شب
جلتی شمعوں کا قافلہ نکلا

آج دیکھا تو دیدہ و دل میں
ایک لمحے کا فاصلہ نکلا

محورِ بازگشت سے باہر
جو بھی نکلا۔ وہ بے نوا نکلا

یاد بھی کچھ دبی دبی آئی
چاند بھی کچھ بجھا بجھا نکلا

1975ء

***

صلہ ملا تو نہیں کچھ مجھے وفا کر کے
مگر میں خوش ہوں یہی جرم بارہا کر کے

سوا مسیحا کسی کو بھی جاں سپرد نہ کی
میں مطمئن ہوں بہت فرض یہ ادا کر کے

کبھی بُجھی ہوئی آنکھوں میں نور تو مانگوں
کبھی تو دیکھوں درِ شب یہ بھی صدا کر کے

تمام چشم کو گلزارِ زخم کر دوں گا
مہیب رات کے لشکر کا سامنا کر کے

خدا کرے کہ سلامت ہوں ریت پر وہ نقوش
ہوا تھی تیز مگر دیکھ لوں دعا کر کے

1975ء

***

فضا ہمیشہ نئے رنگ سے سنورتی ہے
ہر ایک صبح فلک سے نئی اترتی ہے

مرے لیے نہ کبھی خود کو تو تماشہ بنا
تری ہنسی مجھے بے حد اداس کرتی ہے

یہ وہ مقام ہے گریہ بھی جب نہیں ہوتا
یہیں کہیں یہ ندی ریت میں اترتی ہے

جہاں دریچوں میں گل انتظار کھلتے ہوں
وہاں ہوا بھی دبے پاؤں سے گزرتی ہے

کبھی چبھن ہی چبھن، اور تمام رنگ کبھی
یہ رات، شیشہ نُما، مجھ میں یوں بکھرتی ہے

سنور سنور کے اُجڑتے ہیں اس کے باشندے
اجڑ اجڑ کے یہ بستی مگر سنورتی ہے

1976ء

***

کیا قہر ہے برسوں جو مرے ساتھ رہا بھی
اب اس سے نہیں رشتۂ تسلیم و دعا بھی

کیا شعلہ، دھواں کیا، کہ نہیں راکھ بھی باقی
کیوں ڈرتی ہے ہم سوختہ جانوں سے ہوا بھی

اک آخری پل ٹوٹتے رشتے کے لیے روئیں
مانا کہ حریفانہ سہی، سامنے آ بھی

خود اپنے ہی بجھتے ہوئے شعلے کو جو بھڑکاؤں
اب میرے ہی دامن میں نہیں ایسی ہوا بھی

پھر ٹوٹ کے رویا، یہ مجھے علم تھا ورنہ
ہر فصلِ خزاں شاخ سے ہونا ہے جدا بھی

1976ء

***

جب جب بھی اس بستی میں ہم گیت سنانے آ جاتے ہیں
گلی گلی سے نکل نکل کر یار پرانے آ جاتے ہیں

شہرِ قاتلاں کی تہذیب میں جاں بخشی دستور نہیں
جانے ہیں، پر اپنا کیا، بس رسم نبھانے آ جاتے ہیں

فرض ہی جب ٹھہرا تو پھر ہم یہ کیا دیکھیں کیا مورت ہے
شام ڈھلی اور ہم مندر میں دیپ جلانے آ جاتے ہیں

چاند سنور کر تو جب اس کے چہرے جیسا بن جاتا ہے
کتنے فسانے یاد اس رات میں تیرے بہانے آ جاتے ہیں

آؤ عبیدؔ جی! تم بھی ٹک کچھ بول لو، ہنس لو اس محفل میں
جتنے ہیں ہاں سبھی کسی نہ کسی کو بھلانے آ جاتے ہیں

1976ء

***

ہم تو ہیں! گو قیس ابی عامر نہیں، لیلیٰ نہیں
گاہے گاہے باز خواں، ایں قصہ پارینہ نہیں

شعر کہنا بھی ستم ہے اور نہ کہنا بھی محال
کیا مصیبت ہے خود اپنے غم کا اندازہ نہیں

صبح مشرق میں کہاں لڑتی ہے کرنوں کی سپاہ
پردۂ شب کے پرے جا کر کبھی دیکھا نہیں

جانے یہ کیسا افق ہے، جانے کیسا آسماں
ایسا بادل چھا گیا جو آج تک برسا نہیں

ایسے ہنس کر پیار سے اس نے خدا حافظ کہا
جی بہت چاہا تھا رونے کا، مگر رویا نہیں

1976ء

***

سینت کر رکھ لیں، تو جانیں کہ ہُنر اپنا ہے
بس یہی وقت، کہ جو ثانیہ بھر اپنا ہے

اک شرر سے جو جلا، دشت وہی تھا اپنا
اب جو یہ دشت جلا ہے، تو شرر اپنا ہے

صرف اک کاسۂ جاں ہے سو ہے وہ بھی خالی
بس یہی باقیہ سامان سفر اپنا ہے

اس سے کیا رات کو بے خواب رہیں گی آنکھیں
ہم تو بس جانتے ہیں، خوابِ سحر اپنا ہے

ہاتھ خالی ہیں ہمارے سبھی ہتھیاروں کے بیچ
قافلے والوں کو کیا کہیے کہ ڈر اپنا ہے

کوئی نقشہ ہے نہ کچھ سمت نما ساتھ اپنے
اب جو نکلے تو یہ انداز سفر اپنا ہے

1976ء

***

ان سوختہ آنکھوں میں کیا ہے کہ درخشاں ہے
کچھ کہتے ہیں آنسو ہے، کچھ کہتے ہیں ارماں ہے

ہر روز ہی آنکھوں میں بے خوابی کی ہولی ہے
ہر رات ہے دیوالی ہر رات چراغاں ہے

میں نے تو سبھی فصلیں کھلیانوں میں رکھ دی تھیں
لیکن یہ نہالِ غم صرصر میں بھی رقصاں ہے

جیسے گھنے جنگل میں جگنوؤں کا ڈیرہ ہو
اس طرح کچھ آنکھوں میں اشکوں سے چراغاں ہے

کچھ اس کے بھی ہونٹوں پر اب تک ہے مہک باقی
کچھ اب بھی مرے لب پر اک شمع فروزاں ہے

جس زاویے سے دیکھو کچھ اور ہی لگتا ہے
اس کا بھی بدن کیا ہے، اک بھول بھلیاں ہے

1976ء

کہاں وہ ہم، کہ رہے کیسے شعلہ جاں اب تک
بُجھے بھی ایسے، فضاؤں میں ہے دھواں اب تک

ہوا چلی تو بہت دور تک بکھیر گئی
وہ بوئے راز تھی اک پھول میں نہاں اب تک

ہزار دن میں لہو رو کرے۔ یہ شب، تارے
ہمارے سر پہ سجاتا ہے آسماں اب تک

عجب ہے عشق کا سودا دکانِ دنیا میں
دیا تھا سود جو جاں کا، تو ہے زیاں اب تک

کنواں بھی سوکھ گیا، چُپ ہوئے گھڑے بھی مگر
کبھی اندھیرے میں بجتی ہیں چوڑیاں اب تک

1976ء
***

رنگ و بو کی فضائیں کیا کیا ہیں
زخمِ دل کی قبائیں کیا کیا ہیں

کچھ برستا نہیں مگر دل پر
ابر کیا کیا، گھٹائیں کیا کیا ہیں

کھُل گئیں کیسی کیسی دستاریں
سر سے اتری رِدائیں کیا کیا ہیں

کس کا آنگن چمن بنا ہو گا
اس کی رنگیں قبائیں کیا کیا ہیں

ہم ہی شہرِ وفا میں ہیں کہ یہاں
خوف کیا کیا، بلائیں کیا کیا ہیں

دل کو خوں کر کے شعر کہیے عبیدؔ
عاشقی کی سزائیں کیا کیا ہیں

1976ء

***

سیم و زر رکھئے، بہت لعل و جواہر رکھئے
رکھئے رکھئے مرے دیواں کے برابر رکھئے

یوں نہ ہو وقت جو پڑ جائے تو خالی نکلے
اپنی آنکھوں کے خزانے کو بچا کر رکھئے

پھول مرجھانے پہ خوشبو نہیں دیتے صاحب
اپنے بالوں میں مرے ہونٹ سجا کر رکھئے

شعر کہنے کو سلگنا ہی نہیں ہے کافی
آنکھ میں جھیل، تو سینے میں سمندر رکھئے

دل وہ اوسر ہے یہاں زخموں کی کھیتی کے لیے
آنسوؤں سے اسے ہر لمحہ بھگو کر رکھئے

ایک دیوانہ پھرے ہے کہ جسے عشق کہیں
رات بے رات قدم گھر سے نہ باہر رکھئے

1976ء

***

کیا نسیم سحر ہے، صرصر کیا
علم کچھ بھی نہیں ہے باہر کیا

سرحدیں کچھ نہیں ہیں ان کے لیے
بارشوں کو گلی بھی کیا، گھر کیا

پیاس پر اختیار اب نہ رہا
ابر کیا، ریت کیا، سمندر کیا

یہ ہوائیں اڑا کے لائی ہیں
دشت کی آگ میرے اندر کیا؟

خوشبوئیں پھر رہی ہیں آوارہ
شہر کیا، جنگلوں کے منظر کیا

اپنے نیزے پہ باندھ لوں رومال
اس طرف آئے گا یہ لشکر کیا؟

سارے موسم کو چپ لگی ہے عبیدؔ
کوئی آئے گا اب مرے گھر کیا

1976ء
***

فصل آئی، زخم پھر تازے لگے
ہر طرف خوشبو اڑی، غازے لگے

کیا میں بھرّائے گلے سے بولتا
ہاں مرے چہرے سے اندازے لگے

رات بھر کوئی نہیں آیا یہاں
صبح ہوتے گھر کے دروازے لگے

میں تو ایسا عشق میں گم بھی نہ تھا
جانے پھر کیوں مجھ پر آوازے لگے

بزم میں آیا تو تھے کیا کیا گماں
اب اٹھا بھی ہوں تو اندازے لگے

1976ء
***

بچھڑنے کو اک اور بار آ گیا ہے پھر کوئی
لو ہم سے خوش مزاج کو رلا گیا ہے پھر کوئی

غبار در غبار میری رہگزارِ چشم سے
یہ کن گئے دنوں کا قافلہ گیا ہے پھر کوئی

عجب اداس تھی فضا، عجب ملول ہم بھی تھے
اور ایسی دھندلی شام یاد آ گیا ہے پھر کوئی

نہ آنے دے گا دھوپ ہی، نہ خود ہی کھُل کے برسے گا
ہماری آنکھوں میں اک ابر چھا گیا ہے پھر کوئی

یہ کیا غبار ہے کہ جس نے تجھ کو بھی چھپا لیا
کہ میرے تیرے درمیان آ گیا ہے پھر کوئی

نکل کے دیکھا دیر تک۔ تو دور تک کوئی نہ تھا
یہ شاخِ خواب جانے کیوں ہلا گیا ہے پھر کوئی

1976ء

***

ٹائپنگ : مخدوم محی الدین، سپریم کمپیوٹرس، حیدرآباد
تدوین اور ای بک کی تشکیل : اعجاز عبید